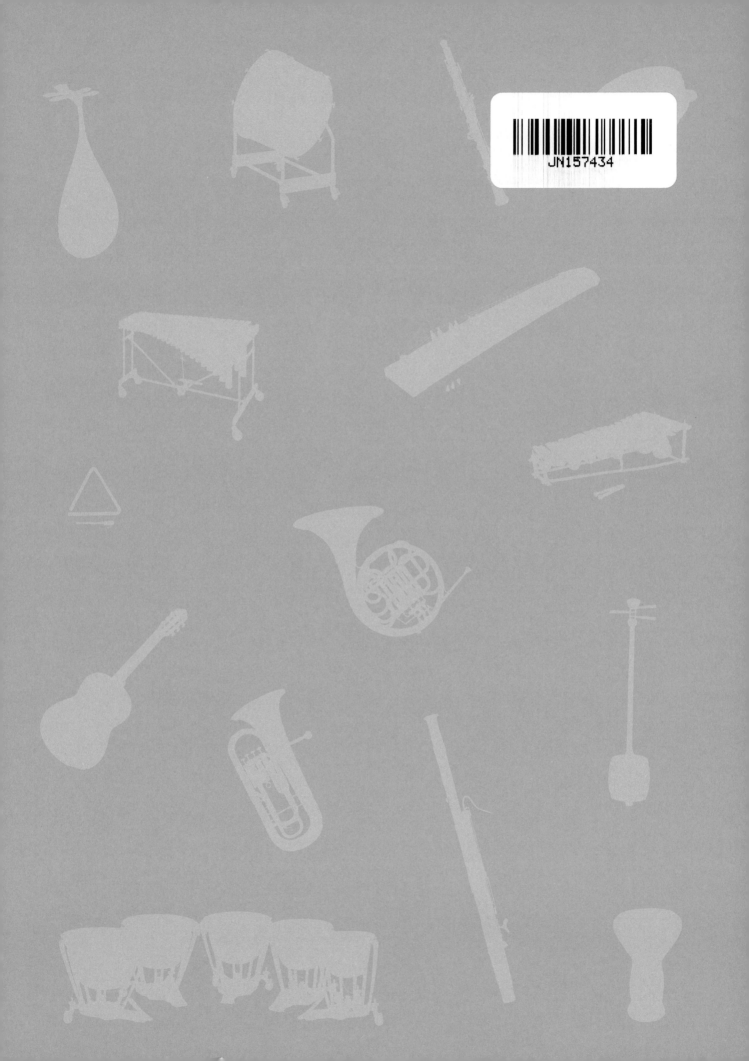

演奏者が魅力を紹介！

楽器ビジュアル図鑑 2

木管楽器
フルート サクソフォン ほか

監修 **国立音楽大学／国立音楽大学楽器学資料館**　編 こどもくらぶ

はじめに

楽器は、はるか昔から現在に至るまで、実用や音楽演奏のために世界各地でつくられ、進化してきました。

それぞれの楽器は、形や構造、材質にさまざまな工夫がされていて、耳できくだけでなく、目で見ることでわかるおもしろさもたくさんあります。

このシリーズは次のように6巻にわけ、たくさんの写真をつかって世界と日本のさまざまな楽器の魅力にせまるように構成してあります。

1 弦楽器・鍵盤楽器　バイオリン　ピアノ　ほか
2 木　管　楽　器　フルート　サクソフォン　ほか
3 金　管　楽　器　トランペット　ホルン　ほか
4 打楽器・世界の楽器　ティンパニ　馬頭琴　ほか
5 日　本　の　楽　器　箏　尺八　三味線　ほか
6 いろいろな合奏　オーケストラ　吹奏楽　ほか

なお、このシリーズの特徴は次のとおりです。

- 小学校4年生〜中学校の音楽・器楽の教科書に掲載されている楽器を中心に紹介。
- 楽器の写真を大きく見開きで見せ、さらにユニークな構造部分をクローズアップして説明。
- 代表的な楽器は、音が出るしくみを図や写真でわかりやすく紹介。
- 演奏姿勢やアンサンブルなどの写真をたくさん掲載。
- それぞれの楽器の演奏者に、楽器の魅力をインタビュー。

もくじ

木管楽器ってなに？……………………… 4

フルート　6
フルートの演奏…………………………… 8
演奏者に聞いてみよう！………………… 10
フルートのなかまと歴史………………… 12

クラリネット　14
クラリネットの演奏……………………… 16
演奏者に聞いてみよう！………………… 18
クラリネットのなかまと歴史…………… 20

サクソフォン　22
サクソフォンの演奏……………………… 24
演奏者に聞いてみよう！………………… 26
サクソフォンのなかまと歴史…………… 28

オーボエ　30
オーボエの演奏…………………………… 32
演奏者に聞いてみよう！………………… 34
オーボエのなかまと歴史………………… 36

ファゴット　38
ファゴットの演奏………………………… 40
ファゴットのなかまと歴史……………… 41
演奏者に聞いてみよう！………………… 42

さらにくわしく！　木管楽器のアンサンブル… 44

リコーダー　46
演奏者に聞いてみよう！………………… 48
リコーダーのなかまと歴史……………… 50

さらにくわしく！　リコーダーオーケストラ… 52
さくいん……………………………………… 54

この本のつかい方

この本では、木管楽器について、「音の出るしくみ」や「演奏方法」「演奏者に聞いてみよう！」「なかまと歴史」などの項目にわけ、紹介しています。

● 外国語表記
括弧内は譜面などにつかわれる代表的な略記号です。

● 楽器の名前

● 楽器の写真
写真を大きく掲載。楽器のひみつをクローズアップします。

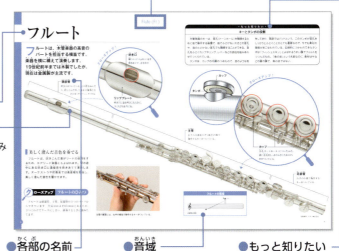

● 各部の名前
楽器の重要な部分の役割を知ることができます。

● 音域
初心者のために、無理なく出すことのできる音の高低の範囲（音域）を示しています。

● もっと知りたい
各項目についてよりくわしい内容や関連することがらを紹介しています。

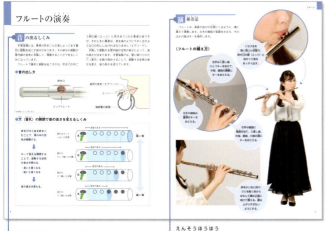

● 音の出るしくみ
楽器の音が出るしくみや音の高さが変わるしくみを図や写真で解説しています。

● 演奏方法
楽器の構え方の基本や音を出すときのコツを写真で紹介しています。

● 演奏者に聞いてみよう！
演奏者に楽器の魅力やおすすめの曲をインタビューしています。

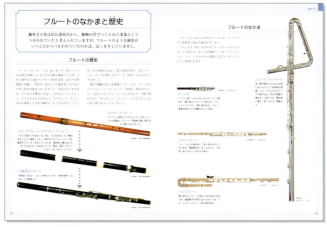

● なかまと歴史
昔の楽器やなかまの楽器を写真で紹介しています。

● さらにくわしく！
木管楽器の演奏をさらに楽しむための情報を掲載しています。

木管楽器ってなに？

「木管」は木でつくられた管楽器を意味しますが、現在では金管楽器と区別するためにつかわれている言葉なので、木製だけでなく金属製や合成樹脂製のものも含まれています。音の出るしくみによって、1枚のリード（→p16）を振動させる「シングルリード」、2枚のリードを振動させる「ダブルリード」、そしてリードのない「エアリード」の3種類にわけられます。木管楽器は管に開けられた穴（音孔・トーンホールなどとよぶ）を開閉して、音の高さを変えます。

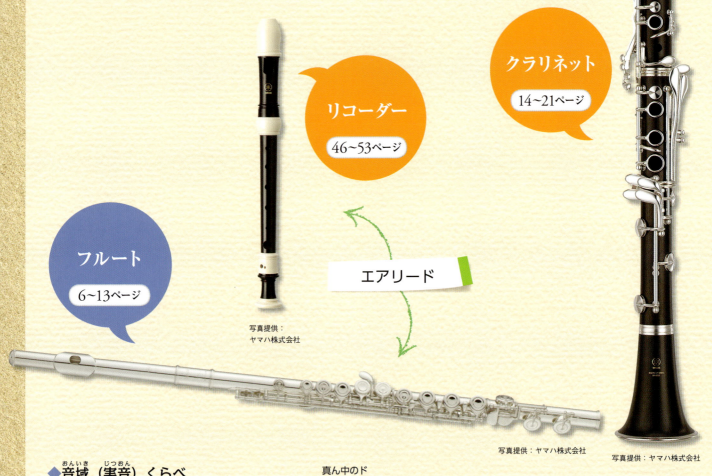

写真提供：ヤマハ株式会社

◆音域（実音）くらべ

※楽器の音域は、演奏者個人の能力レベルによって変わるため、この本では初心者のために無理なく出すことのできる音域を示している。（+）の印は上級レベルの演奏者向けに（上または下の）音域拡張の可能性を示している。楽器によっては譜面に記された音（記譜音）と実際に出る音（実音）が異なる場合がある。リコーダーの音域は53ページ参照。

フルート

Flute (Fl.)

フルートは、木管楽器の高音のパートを担当する横笛です。楽器を横に構えて演奏します。19世紀前半までは木製でしたが、現在は金属製が主流です。

クローズアップ！

吹き口
縁（エッジ→p8）に息を吹きあてて、音を出す。

リッププレート
吹き口に息を吹きこむときに、下くちびるを当てる。

頭部管
吹き口がついている。この管をぬいたり、差しこんだりしてほかの楽器と音合わせ（チューニング）する。

■ 美しく澄んだ音色を奏でる

フルートは、吹きこんだ息がリードの役割をするため、エアリード楽器ともよばれます。管の途中にある吹き口に直接息を吹きあてて演奏します。オーケストラや吹奏楽では高音域を担当し、美しく澄んだ音色を響かせます。

クローズアップ　フルートのひみつ

フルートは頭部管、主管、足部管の3つのパーツからできています。全長はおよそ67cmほどあるため、3つにわけてケースにしまい、演奏するときに組みたてます。

主管の裏面には、左手の親指で操作するキーがついている。

・もっと知りたい・
キーとタンポの役割

　木管楽器のキーは、音孔(トーンホール)を開閉するために指で操作する装置で、指でふさげない大きさの音孔や、指のとどかない音孔でも開閉することができる。音孔をふさぐカップやリング、レバーなどの部品を組みあわせてつくられている。

　タンポは、カップの内側のつめもので、皿のような形をしており、英語ではパッドという。このタンポが音孔をしっかりとふさぐことがとても重要なので、今でも素材の開発がおこなわれている。伝統的につかわれてきたタンポは「フィッシュスキン」とよばれるうすい膜でフェルトをつつんだもの。「魚の皮」という名前なのに、素材は牛などの腸の膜で、魚の皮ではない。

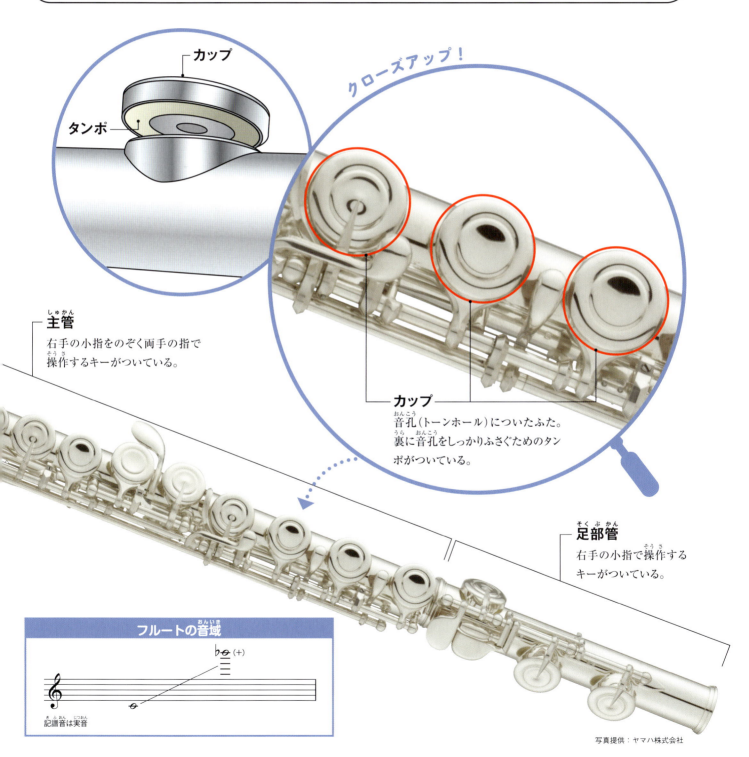

カップ
タンポ
クローズアップ!

主管
右手の小指をのぞく両手の指で操作するキーがついている。

カップ
音孔(トーンホール)についたふた。裏に音孔をしっかりふさぐためのタンポがついている。

足部管
右手の小指で操作するキーがついている。

フルートの音域
記譜音は実音

写真提供:ヤマハ株式会社

フルートの演奏

音 の出るしくみ

　木管楽器には、奏者の吹きこんだ息によってまず最初に振動を起こす部分があります。その部分の振動が管内部の空気に共鳴して、演奏することができるしくみになっています。

　フルートで最初に振動を起こすのは、吹き口の向こう側の縁（エッジ）に吹きあてられた奏者の息ですが、そのときに奏者は、息を板のようにうすく出すような口の形にしなければなりません（エアリード）。

　共鳴して振動する管内部の空気の長さによって、音の高さが決まります。木管楽器では、管に開けられた穴（音孔）を開け閉めすることで、振動する空気の長さを変え、音の高さを変えています。

●音の出し方

写真提供：ヤマハ株式会社

●穴（音孔）の開閉で音の高さを変えるしくみ

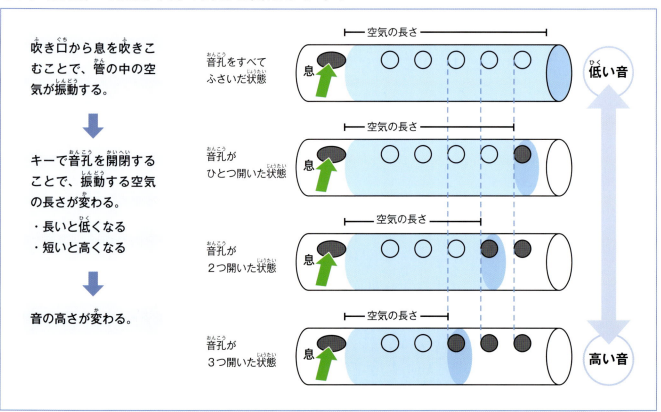

演奏方法

フルートは、楽器が自分の右側にくるように、横に構えて演奏します。右手の親指で楽器をささえ、そのほかの指はキーを操作します。

〈フルートの構え方〉

くちびるを軽く閉じた状態で、吹き口の縁（エッジ）に向かって息をまっすぐ出す。

左手は人差し指、ひとつキーをあけて、中指、薬指の順番にキーをおさえる。

左手の親指は裏側のキーをおさえる。

右手は親指に楽器を当て、人差し指、中指、薬指、小指の順にキーをおさえる。

体を少し右に向け、ひじを軽く体からはなして顔は正面に向けて構える。肩は上がりすぎないようにする。

演奏者に聞いてみよう！

● フルート奏者

渡辺 玲子 さん

国立音楽大学音楽学部演奏・創作学科弦管打楽器専修3年。
山梨県生まれ。6歳よりピアノ、10歳よりフルートをはじめる。第20回長江杯国際音楽コンクール管楽器部門大学の部第1位。第15回やまなし県民文化祭音楽部門優秀賞。これまでにフルートを大友太郎、森岡有裕子、森澤祥子、神田寛明、横内絢の各氏に師事。

演奏者に聞きたい♪フルートの魅力♪

 フルートを選んだきっかけを教えてください。

 はじめは小学校の吹奏楽部で、クラリネットを1年くらい吹いていました。地元の中学校の吹奏楽部が毎年全国大会に出場するほど有名で、演奏会を家族でききに行った際に、両親が「クラリネットよりもフルートの音色のほうが好き」といったのを耳にしました。「フルートを上手に演奏できるようになったらよろこんでくれるかな」と思い、その後、吹奏楽部の顧問の先生に思いきって「フルートをやりたいです！」と志願してはじめました。

フルートをはじめた10歳のころ。

 一日にどれくらい、どのような練習をしていますか？

 練習時間は日によって異なりますが、その曲をどのように演奏したいか、どう演奏したらきいてくださる方はよろこんでくれるか考えながら練習をしています。また、フルートだけではなく弦楽器や声楽など、ほかの楽器の演奏会にもたくさん足を運ぶようにしています。自分には想像もつかなかったような表現を学ぶことができます。

 フルートを演奏していて一番うれしかったことを教えてください。

 おききくださった方が「あなたの演奏をきいて元気になりました」「生きる勇気がわきました」など声をかけてくださり、来たときよりも晴れやかな表情になってお帰りになる姿を見るととてもうれしいです。また、お世話になった恩師や家族が「いい演奏だった」といってくれたときも、音楽を勉強できて幸せだと感じ、まわりの人たちへの感謝の気持ちでいっぱいになります。

 フルートを演奏していて大変なことを教えてください。

 毎日練習をしているのに、上達しているとまったく思えないときが一番つらいです。調子が悪い日が長く続いても途中で目標をあきらめないことが大切だと感じます。また、口内炎ができてしまうと痛くて吹けないので体調管理には注意が必要です。

 フルートに向いている人は？

 フルートを吹きたいという気持ちがある人。どんな楽器であれ、やる気があれば上達できると思っています。

Q フルートの魅力を教えてください。

A フルートは最も声に近い楽器ともいわれています。細やかな感情を表現できることが魅力だと感じます。さまざまな音色を出すことができ、細かい音符にも対応できるので、フルート1本でポピュラー音楽、映画音楽のメロディーなど、なんでも演奏することができます。歌うことのできるメロディーはそのままフルートで演奏できます。

Q 今後の目標や夢を教えてください。

A 演奏をきいてくださる方の生きる活力になるような音楽を奏でたいです。また、音楽には壁がありません。国境を越え、言語や人種、民族の差異も超えて心と心を結ぶ力があると感じます。人のために、よろこんでもらえるような演奏ができるようになりたいです。

Q 今までフルートを演奏してきたなかで印象に残っている舞台を教えてください。

A 大学在学中に挑戦したコンクールで、まわりのことになにも気を取られず、100％音楽のことだけに集中し、心の底から楽しく演奏できたことがとても印象に残っています。15人くらいいらっしゃる審査員の方々と全員で同じ時間を共有しているようなとても不思議な感覚になり、演奏後はたくさんの先生方がこちらを向いてほほえみかけてくださいました。温かい雰囲気の中、悔いのない演奏ができたのでうれしかったです。

大学3年生の10月におこなわれた発表会。モーツァルトの「フルート協奏曲第1番」を演奏した。

● おすすめの曲とききどころ ●

①モーツァルト「フルート四重奏曲」
曲の最初から華やかで明るいので、きいていてわくわくする曲です。ジャン＝ピエール・ランパル（フルート）、アイザック・スターン（バイオリン）、サルヴァトーレ・アッカルド（ビオラ）、ムスティスラフ・ロストロポーヴィチ（チェロ）の演奏が大好きです。「なんて美しいんだろう！」と声が出るほど、すばらしい演奏です。

②モーツァルト「フルート協奏曲第1番」「フルート協奏曲第2番」
「フルート協奏曲第2番」は、映画「のだめカンタービレ」にもつかわれていて、だれもがきいたことがある曲だと思います。これぞフルート！と思ってもらえるような、フルートの魅力が存分に引きだされた曲です。

好きなフルート奏者

ジャン＝ピエール・ランパル
20世紀に活躍したフランスのフルート奏者で、日本には25回も来日されるほど親日家だったようです。ランパルの音楽を愛する気持ちが伝わってくる演奏が大好きです。

エマニュエル・パユ
スイス出身のフルート奏者で、現在はソリストやベルリンフィルハーモニー管弦楽団の首席奏者としても活躍されています。パユほど人気と実力をかねそなえたフルート奏者は存在しない、ともいわれています。

フルートのなかまと歴史

縦吹きの笛は旧石器時代から、動物の骨でつくられた楽器として
つかわれていたと考えられていますが、フルートのような横笛が
いつごろからつかわれていたのかは、はっきりしていません。

フルートの歴史

ヨーロッパのフルートは、長いあいだ、管にいくつかの指穴が開いているだけの単純な横笛でしたが、今から500年ほど前のルネサンス時代以降、ほかの木管楽器と同様に、各時代に流行した音楽演奏に合わせるために改良が進められてきました。改良のおもな目的は、音の高さを確実に安定して出せるようにすること、より大きな音が出せるようにすること、そして、ほかの楽器との合奏で調和のとれた音を出すことでした。その目的のために、管の内部の形や、音孔（トーンホール）の位置と大きさ、キー装置に工夫がほどこされました。

現在の機能を持つ金属製のフルートは、ドイツ人のテオバルト・ベームによって、19世紀に考案されました。音孔が大きくなり、すべての音孔をキーで開け閉めするしくみとなったことにより、どんな音も十分な音量で吹けるようになりました。

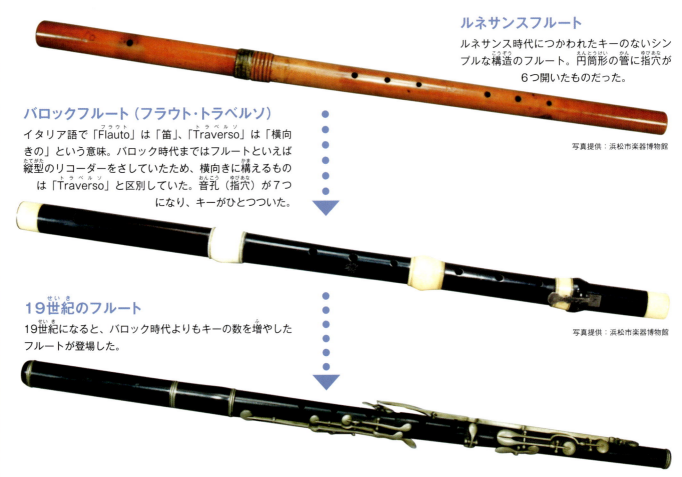

ルネサンスフルート
ルネサンス時代につかわれたキーのないシンプルな構造のフルート。円筒形の管に指穴が6つ開いたものだった。

写真提供：浜松市楽器博物館

バロックフルート（フラウト・トラベルソ）
イタリア語で「Flauto」は「笛」、「Traverso」は「横向きの」という意味。バロック時代まではフルートといえば縦型のリコーダーをさしていたため、横向きに構えるものは「Traverso」と区別していた。音孔（指穴）が7つになり、キーがひとつついた。

写真提供：浜松市楽器博物館

19世紀のフルート
19世紀になると、バロック時代よりもキーの数を増やしたフルートが登場した。

写真提供：浜松市楽器博物館

フルートのなかま

　フルートより高い音が出るピッコロは、オーケストラや吹奏楽で最高音域を担当します。

　フルートより低い音が出るアルトフルートやバスフルートは管が太く長いのが特徴で、フルートアンサンブル（フルートのなかまの楽器によるアンサンブル）などで使用されます。

写真提供：ヤマハ株式会社

ピッコロ
イタリア語で「piccolo」は小さいという意味で、管の長さはフルートの約半分。フルートより1オクターブ高い音が出る。フルート奏者が持ちかえで演奏することが多い。

コントラバスフルート
長い管が数字の4のような形にまげられている特殊な楽器。フルートの2オクターブ下の音が出る。巨大な楽器で管が太くて長いため、管を縦に構え、床でささえて演奏する。

写真提供：ヤマハ株式会社

アルトフルート
フルートよりも管が長く、低い音を出すことができる。頭部管はまっすぐなものと、U字型にまげられているものがある。

写真提供：ヤマハ株式会社

バスフルート
管の長さがフルートの倍の130cmほどあるため、頭部管がU字型にまげられている。フルートより1オクターブ低い音が出る。

写真提供：
古田土フルート工房

クラリネット

Clarinet (Cl.)

クラリネットは、高い音から低い音、小さな音から大きな音まで、表現力豊かな温かみのある音色を奏でることができます。

マウスピース
リード（→p16）を取りつけて、口にくわえて音を出す。

バレル
マウスピースと上管をつなぐためのパーツ。この部分を少しずつ動かしてほかの楽器と音合わせ（チューニング）する。

リガチャー
マウスピースにリードを固定するためのパーツ。

上管
左手の指で操作するキーや指穴がついている。

■多彩な響きを持つ木管楽器

クラリネットは、マウスピースに取りつけた1枚のリード（シングルリード）を振動させて音を出します。B♭管のクラリネットはフルートとほぼ同じ長さですが、フルートより1オクターブ近く低い音が出ます。クラリネットのなかまは、低い音域から中音域、高音域へとそれぞれ音色に特徴があり、それをいかして、メロディーを奏でたり、ほかの楽器とともにハーモニーを充実させたりと、多彩な表現が可能です。

クローズアップ！

カバードキー
カップつきのキー。

リングキー
音孔の上のリングの形をしたキー。

音孔（指穴）
指で直接おさえて開閉する。

◆クラリネットの音孔をふさぐ方法
- カバードキー（カップでふさぐ）
- リングキー（リングの上から指でふさぐ）
- 指穴（指で直接ふさぐ）

クローズアップ　クラリネットのひみつ

クラリネットはマウスピース、バレル、上管、下管、ベルの5つのパーツを組みたてて演奏します。このページでは一般的につかわれるB♭管を紹介しています。オーケストラでは、作品によってA管もつかわれます。楽器の構造や指づかいはB♭管と同じです。

もっと知りたい
B♭管とA管

A管は吹奏楽で用いられるのはまれだが、オーケストラでは、この楽器のために書かれた楽曲が多くある。B♭管とA管の音域はほぼ同じで、オーケストラのクラリネット奏者は、フラット系の調性の曲ではB♭管、シャープ系の調性の曲ではA管をつかうことが多い。なお、英語の音名でB♭管、A管と発音するが、オーケストラではドイツ語の音名をつかってB管、A管のようによばれることが多い。

クローズアップ！

レバー
指がとどかない下の部分の音孔はカップでふさがれている。レバーでカップを開け閉めする。

カップ
音孔をふさぐふた。

下管
右手の指で操作するキーがついている。

クラリネットの音域

記譜音　　実音

ベル

写真提供：ヤマハ株式会社

クラリネットの演奏

音 の出るしくみ

クラリネットやサクソフォンは、マウスピースに取りつけた1枚のリード（シングルリード）を振動させて音を出します。マウスピースとリードのあいだに息を吹きこみ、リードを振動させると音が出ます。演奏する前にリードがうまく振動するように、リードを水につけて湿らせておきます。

クラリネットの管には20個以上の音孔が開けられています。10本の指ではたりないので、キー装置をつかって開閉します。リコーダーは指穴の開閉で約1オクターブの音を出しますが、クラリネットは楽器の性質として1オクターブ以上の音を出さなければならないので音孔が多いのです。

●クラリネットのキー装置

指穴を指でふさぐ。
左手の小指でおすレバー
右手の人差し指、中指、薬指でおすリングキー
カップ
右手の小指でおすレバー

クラリネットは音孔（指穴）を指で開け閉めすることによって、音の高さを変えている。指がとどかないところは、小指でレバーを操作して、音孔を開閉している。レバーは音孔をふさぐカップと連動している。

●音の出し方

リード
リガチャー

マウスピースに、リガチャーとよばれる止め具で取りつけられたリード。リードは、イネ科の植物の茎（ケーン）を削ってつくられる。

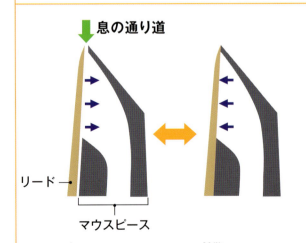

息の通り道
リード
マウスピース

息を吹きこむと、マウスピースの裏側に取りつけられたリードが振動する。
リードの振動が管の内部の空気と共鳴し、ベルで増幅されて大きな音が出る。

クラリネット

演奏方法

リコーダーと同じように、左手が上、右手が下になるように縦に構えて、人差し指、中指、薬指で丸いリングのキーをおさえます。左手の薬指のところは、リングがなく、管に開いた指穴を直接ふさぎます。右手の親指を楽器のうしろの指かけにかけて、楽器をささえています。

〈クラリネットの構え方〉

下くちびるは下の歯にかるくかぶせ、その上にリードをのせる。上の歯はマウスピースにつけて吹く。

指穴をしっかりふさぐ。

右手の親指は楽器のうしろの指かけにかける。

17

演奏者に聞いてみよう！

● クラリネット奏者

松本 玲香 さん

国立音楽大学音楽学部演奏・創作学科弦管打楽器専修4年。
兵庫県生まれ。12歳よりクラリネットをはじめる。第30回中国ユース音楽コンクール木管楽器の部第1位、第18回全日本中学生・高校生管打楽器ソロコンテスト高校生部門第1位、文部科学大臣賞受賞。これまでにクラリネットを武田忠善、エマニュエル・ヌヴー、佐藤崇史の各氏に師事。

演奏者に聞きたい♪クラリネットの魅力♪

 Q クラリネットを選んだきっかけを教えてください。

A 中学生のころ、吹奏楽部に入ったことがきっかけです。体験入部のときに学校にあるすべての楽器を演奏した中で、クラリネットが一番好きになりました。クラリネットの先輩が優しく、顧問の先生にもわたしに合っているとすすめていただき、正式にクラリネットを担当することになりました。

 Q 一日にどれくらい、どのような練習をしていますか？

A 基礎練習がとても大切で、とくにロングトーン*1や音階は楽器を演奏する上で重要な基礎部分なので毎日1〜2時間かけて練習しています。これをしているだけで腹筋をしなくてもお腹に少し筋肉がつきます。わたしはエチュード（練習曲）をソロ（独奏）の曲のように練習するようにしています。そうすることでソロの曲を速く美しく演奏できるようになります。

基礎練習でつかっているメトロノーム。

 Q クラリネットを演奏していて一番うれしかったことを教えてください。

A 大学生のとき、初めて自分で企画した演奏会でお客さんに「よかったよ、またききたいな」といってもらえたことがうれしかったです。もっといろいろな所でたくさんの人にきいてもらいたいと思うようになりました。

 Q クラリネットを演奏していて大変なことを教えてください。

A 基本的にビブラート*2をかけにくい楽器なので、感情豊かに演奏することが難しいです。楽器が木でできているため、冬の寒さに弱く、中学生のころは、割れてしまうことがありました。すぐに直すことができましたが、最初は楽器の管理が大変でした。

 Q クラリネットに向いている人（逆に向いていない人）は？

A クラリネットは思いやり、コミュニケーション能力がある人が向いていると思います。吹奏楽だと人数が一番多く、クラリネットパートみんなが仲よくできて、さらに指揮者ともコミュニケーションがとれないと全体のバランスが悪くなったりします。

*1 安定した音をつくるために、ひとつの音をできるだけ長く吹きのばすこと。
*2 音を伸ばすときに、音の高さをゆらすこと。

クラリネット

Q クラリネットの魅力を教えてください。

A 丸くてきれいな音が出る楽器で、吹奏楽やオーケストラでメロディー、ソロをたくさん吹くことのできる楽器です。マウスピースとよばれる吹き口に金属や皮でできたリガチャーをつけて音を出すのですが、そのリガチャーにもたくさん種類があるので自分の好みのものを選ぶことができるのも魅力だと思います。

愛用しているリガチャー。

Q 今後の目標や夢を教えてください。

A 大学卒業後は東京を中心に演奏活動をおこなう予定です。後に留学費をためてアメリカにジャズを学びに行きたいと考えています。将来は「また共演したい」と思ってもらえるようなクラリネット奏者になりたいです。

Q 今までクラリネットを演奏してきたなかで印象に残っている舞台を教えてください。

A 大学2年生のとき、同学年のクラリネット17人で「ティル・オイレンシュピーゲルの愉快ないたずら」という曲を演奏したことが一番印象に残っています。17人全員の息がとても合っていて、クラリネットだけで演奏しているとは思えないほど厚みのある演奏ができました。

一緒に演奏したクラリネットのなかまと松本玲香さん（前列左から3番目）。

♪使用楽器♪
E♭クラリネット×1、クラリネット×9
バセットホルン*3×3、
バスクラリネット×2
コントラアルトクラリネット×1、
コントラバスクラリネット×1

● おすすめの曲とききどころ ●

①ジョージ・ガーシュウィン「ラプソディー・イン・ブルー」
冒頭のクラリネットによる低音からのグリッサンドはとても有名で、演奏者によって自由な解釈がされるのがききどころ。クラシックとジャズが融合した曲で、演奏者もお客さんも楽しめる曲です。

②ブラームス「交響曲第1番」
ブラームスの曲はクラリネットが美しい音色を奏でるソロが多く、「交響曲第1番」の第3楽章のソロは中でも有名です。

③作曲者不明「クラリネット・ポルカ」
とても楽しい曲で、ソロやアンサンブルの演奏で親しまれています。クラリネットがかわいらしいメロディーを奏で、CMやテレビのBGMにつかわれることも多い曲です。

好きなクラリネット奏者

武田忠善
国立音楽大学を卒業後、フランス国立ルーアン音楽院に留学。同大学院を1等賞を得て卒業。パリ・ベラン音楽コンクール第1位、第47回日本音楽コンクール第1位を受賞されています。自由で魅力的な演奏スタイルで世界を魅了しているところが好きです。わたしの師匠です。

ザビーネ・マイヤー
シュトゥットガルト音楽院を卒業後、ドイツ音楽コンクールで第2位入賞。バイエルン放送交響楽団にクラリネット奏者として入団。モーツァルトやウェーバーの解釈で高い評価を得ています。しなやかで伸びのある音と美しいタンギング*4は永遠にわたしの目標です。

*3 クラリネットのなかまのめずらしい木管楽器。
*4 舌を用いる奏法。

クラリネットのなかまと歴史

クラリネットは今から300年ほど前に発明され、
当初はリコーダーに近い形をしていました。その後キーの数が増え、
さまざまな改良が重ねられ、現在の形になりました。

クラリネットの歴史

クラリネットの起源にはいろいろな説がありますが、定説では、18世紀初頭に、ニュルンベルク（ドイツ）のヨハン・クリストフ・デンナーが「シャリュモー」という楽器を改良したのが、最初のクラリネットといわれています。この楽器は、リコーダーのように指穴が開いたボディに、リードを取りつけたマウスピースを装着した形でした。

当初はキーが2個でしたが、その後、5個、6個、10個と、だんだんキーの数が増えていきました。19世紀初頭には、ドイツ人のミュラーによって、キーが13個ついた楽器が開発されました。

現在日本でつかわれているクラリネットは、19世紀にフルートの改良をしたテオバルト・ベーム（→p12）が考案したキー装置を取りいれた「ベーム式クラリネット」で、16個のキーがついています。ドイツのオーケストラなどでは「エーラー式クラリネット」というキー装置のクラリネットもつかわれています。

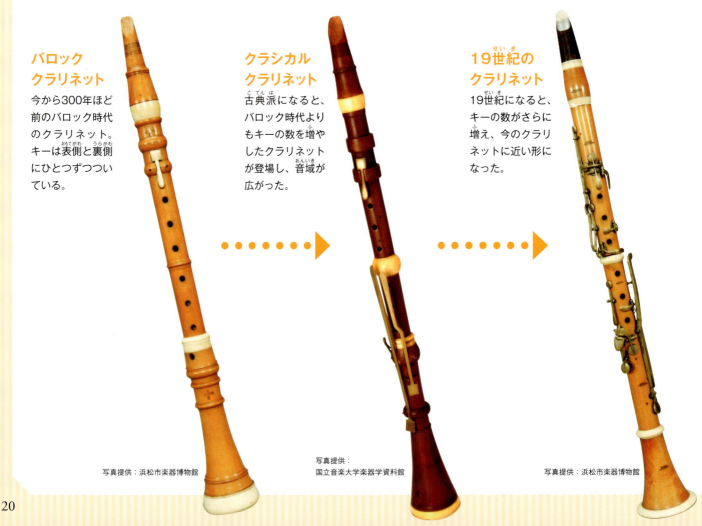

バロッククラリネット
今から300年ほど前のバロック時代のクラリネット。キーは表側と裏側にひとつずつついている。

写真提供：浜松市楽器博物館

クラシカルクラリネット
古典派になると、バロック時代よりもキーの数を増やしたクラリネットが登場し、音域が広がった。

写真提供：国立音楽大学楽器学資料館

19世紀のクラリネット
19世紀になると、キーの数がさらに増え、今のクラリネットに近い形になった。

写真提供：浜松市楽器博物館

クラリネットのなかま

　管の長さが短く小さな楽器は高音域、大きな楽器は低音域を担当します。クラリネットは音域ごとにたくさんの種類があり、このほかにアルトクラリネットより1オクターブ下の音が出る「コントラアルトクラリネット」、バスクラリネットより1オクターブ下の音が出る「コントラバスクラリネット」などがあり、クラリネットアンサンブル（クラリネットのなかまの楽器によるアンサンブル）などでつかわれています。

E♭クラリネット
通常のクラリネットの4分の3ほどの大きさで、高音域を担当する。鋭く明るい音色を持つ。

写真提供：ヤマハ株式会社

アルトクラリネット
通常のクラリネットよりも低い音を担当する。吹奏楽やクラリネットアンサンブルで使用され、オーケストラではほとんど使用されない。

バスクラリネット
通常のクラリネットの倍の長さがあり、低音域を担当する。サクソフォンの発明者でもあるアドルフ・サックス（→p28）によって開発された。

写真提供：ヤマハ株式会社

写真提供：ヤマハ株式会社

サクソフォン

Saxophone (Sax.)

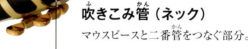

サクソフォンは金属（真ちゅう）でできていますが、クラリネットと同様に1枚のリード（シングルリード）を振動させて音を出すため、木管楽器に分類されます。通常は「サックス」と省略した名前でよばれています。

吹奏楽の花形楽器

サクソフォンは1840年代初めに発明された、楽器の中では新しい部類のものです（→p28）。表現力豊かな音色を持ち、ジャズでは主力楽器になっています。吹奏楽ではトランペット（→3巻）とならぶ花形楽器で、オーケストラの作品は少ないですが、ポップスなどでとても重宝されています。サクソフォンがつかわれる有名なオーケストラの作品としては、ビゼー「アルルの女」、ラヴェル「ボレロ」、ジョージ・ガーシュウィン「ラプソディー・イン・ブルー」などがあります。

・もっと知りたい・
ポップス

ポップスとは、ポピュラーミュージックの略で、ジャズ、ロック、シャンソンなどクラシックや伝統音楽以外の大衆音楽のこと。

吹きこみ管（ネック）
マウスピースと二番管をつなぐ部分。

マウスピース
マウスピースを微妙に動かしてほかの楽器と音合わせ（チューニング）する。

表

裏

上部が削られている / 反対の面は削られていない（平らな面）

リード
イネ科の植物の茎（ケーン）を削って形成したもの。自然のものからできているので、同じリードはひとつとしてなく、リード選びが大切になる。

リガチャー
クラリネットと同様にマウスピースの裏にリードの平らな面を当て、リガチャーとよばれる止め具で固定する（→p16）。

写真提供：音楽社

クローズアップ　サクソフォンのひみつ

サクソフォンのなかまは音域によって7タイプ（→p29）ありますが、ここでは、アルトサクソフォンをクローズアップします。マウスピース、吹きこみ管（ネック）、二番管、一番管（U字管）、ベルの5つの部分から構成され、部品の数は600個にのぼります。

クローズアップ！

レバー

カバードキー
カップつきのキー。

キーパール

カップ
音孔をふさぐふた。

キー
キーパールとよばれる少し小さい光沢のあるボタン状のキーとレバーを指で操作して、その下にある大きなカップなどを開け閉めする。

ベル

一番管（U字管）

二番管
たくさんの音孔（トーンホール）が開いていて、大きな丸いカップやレバーがついている。

指かけ

サクソフォンの音域

記譜音　　実音

写真提供：ヤマハ株式会社

サクソフォンの演奏

音 の出るしくみ

　サクソフォンは、クラリネットと同じように、マウスピースに取りつけた1枚のリード（シングルリード）を振動させて音を出します（→p16）。フルートやクラリネットの管は円筒形ですが、ベルに向かってだんだんと太くなっているサクソフォンの管は円すい形です。ベルから大きな音が出ます。サクソフォンの音孔（トーンホール）は25個あり、サイズが大きく、指で直接ふさげないため、大きな丸い形をしたカップをキーパールやレバーで開け閉めすることによって演奏します。

指でふさげない大きな音孔。

カップ

アルトサクソフォンのカップでふさがれている音孔（トーンホール）が開いた状態。

上の歯はマウスピースの先端から1cmくらいのところにつける。マウスピースに取りつけたリードを息で振動させて音を出す。

演奏方法

サクソフォンはクラリネットよりも重いので、ストラップをつけて首から下げ、楽器を奏者の前でまっすぐ構えるか、ななめ横に構えて演奏します。指かけに当てた右手の親指、上の歯、ストラップの3か所で楽器をささえています。

〈サクソフォンの構え方〉

上のキーは左手、下のキーは右手であつかう。

アルトサクソフォンの重さは3kg。楽器をささえるためのストラップは欠かせない。

ストラップ

力を入れすぎずリラックスして構える。

サクソフォン

演奏者に聞いてみよう！

●サクソフォン奏者

吉田 祐介 さん

国立音楽大学音楽学部演奏・創作学科弦管打楽器専修4年。
富山県生まれ。5歳よりエレクトーン、12歳よりサクソフォンをはじめる。室内楽において、第15回大阪国際音楽コンクールアンサンブル部門第3位。これまでにサクソフォンを雲井雅人、坂東邦宣の各氏に師事。

演奏者に聞きたい♪サクソフォンの魅力♪

Q サクソフォンを選んだきっかけを教えてください。

A 父が趣味でサクソフォンを習っていて、それに影響されてはじめました。本格的にはじめたのは中学校の吹奏楽部です。中学3年生のときに、雲井雅人先生というプロのサクソフォン奏者と出会い、今も師事しています。

Q 一日にどれくらい、どのような練習をしていますか？

A ロングトーン（→p18）、音階練習、倍音練習＊を中心に、いろんな曲を練習しています。忙しくて基礎練習をする時間があまりとれないときもありますが、どんなときも自分の思い描く「よい音」を出せるように意識して練習しています。時間がないときは1時間、余裕があるときは5、6時間練習します。

Q サクソフォンを演奏していてうれしかったことを教えてください。

A ①たくさんのお客さんに拍手をもらったこと。
②吹奏楽では、かっこいいソロがたくさん演奏できたこと。
③オーケストラではめずらしい、サクソフォンを取りいれた曲を演奏させてもらったこと。

Q サクソフォンを演奏していて大変なことを教えてください。

A サクソフォンはリードをつかって音を出すのですが、リードは消耗品で月に1箱以上は買うので、お金がかかってしまいます。また、ほかの木管楽器とくらべると少し重いので、持ち運ぶのが少し大変です。楽器ケースも重さがあります。

リードはひとつとして同じ状態ではないので、1箱10枚入りのリードが全部吹きやすいリードとは限らない。

曲の練習では、ピアノなどほかの楽器と合わせることもある。

＊ 運指を固定し、口やのどのコントロールで音の高さを変える練習。

Q サクソフォンに向いている人（逆に向いていない人）は？

A サクソフォンはやわらかい音、鋭い音など、たくさんの演奏表現ができる楽器です。自分なりに曲のイメージを持てる人がサクソフォンに向いているかもしれません。音を出すことは、ほかの管楽器とくらべてかんたんな楽器なので、向いてない人はいないと思います。

Q サクソフォンの魅力を教えてください。

A サクソフォンは金管楽器と木管楽器のよいところを持っています。トランペットのように大きくて華やかな音も出せるし、クラリネットやフルートのように、音がたくさん動く曲も演奏できます。クラシックだけでなく、ジャズなどでも活躍できて、なんでもできるかっこいい楽器です。

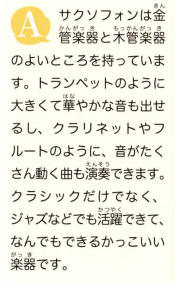

サクソフォン四重奏という編成で、バリトンサクソフォンを演奏した舞台。

Q 今までサクソフォンを演奏してきたなかで印象に残っている舞台を教えてください。

A 中学3年生のときに富山県でおこなわれたサクソフォンのキャンプ（合宿）の最終日に、ジャニーヌ・リュエフ作曲の「シャンソンとパスピエ」という3分くらいのサクソフォンとピアノの曲を演奏したことです。人生で初めて人前でサクソフォンのソロ（独奏）曲を演奏した発表会で、今では考えられないくらいボロボロな演奏でしたが、がむしゃらに吹いていたころの思い出深い舞台なので、忘れられません。

Q 今後の目標や夢を教えてください。

A もっと練習してうまくなって、いろんな人を楽しませたり、癒したりすることのできる奏者になりたいです。また指導者としても、たくさんの人にサクソフォンのよさを広めることができたらいいなと思っています。

好きなサクソフォン奏者

マルセル・ミュール

フランス生まれのミュールは、クラシックにサクソフォンを広めた偉大な音楽家の1人です。彼のためにたくさんの曲が献呈され、さらに教則本のために多くの曲を作曲しました。サクソフォンに「ビブラート奏法（→p18）」を取りいれたのも、彼が最初だといわれています。超絶的なテクニックに美しくしなやかな音。まさにクラシックサクソフォン界の神さまといえるでしょう。

● おすすめの曲とききどころ ●

グラズノフ「サクソフォン協奏曲」

クラシックのサクソフォン界では最も有名な曲のひとつで、音楽大学入学試験の課題曲としてつかわれることも多く、定番中の定番です。上品で美しいメロディーが魅力的な曲です。サクソフォンはほかの楽器よりも比較的新しく普及した楽器で、現代音楽は豊富なレパートリーがありますが、古典派・ロマン派の曲に恵まれません。この曲は、ロマン派の音楽に位置づけられている、サクソフォン奏者にはとてもありがたい曲です。

サクソフォンのなかまと歴史

サクソフォンは19世紀に開発された新しい楽器です。
現在つかわれている楽器の中で、
発明した人の名前を楽器の名称に取りいれた初期の例です。

サクソフォンの歴史

サクソフォンはベルギーの楽器製作者＊のアドルフ・サックス（1814～1894年）によって、1840年代初めに発明されました。発明者の名をとって「サクソフォン」と名づけられました。彼は木管楽器のよさと金管楽器のよさを合体した楽器がつくれないかと考えて、サクソフォンを生みだし、1846年にはパリで特許を取得しました。

さらに、彼は、ソプラニーノ、ソプラノ、アルト、テナー、バリトン、バス、コントラバスなど音域の異なるサクソフォンを設計しています。いずれも音の出し方や、キーの位置が同じつくりのため、ひとつが演奏できればすべての楽器を演奏できるようになります。高音から低音まで表情豊かな音色を奏でることができるため、現在では、幅広い曲目で活躍する楽器となっています。

＊楽器をつくる職人。

19世紀の アルトサクソフォン

アドルフ・サックスが製作した初期のアルトサクソフォン。キーの数が現在の楽器より少ないが、形や構造はあまり変わっていない。

サクソフォンの発明者、アドルフ・サックス。

写真提供：浜松市楽器博物館

◆サクソフォンの歴史

1840年代初め	アドルフ・サックスによってサクソフォンが発明される。
1846年	アドルフ・サックスがサクソフォン製作の特許を取得。
1850年ころ	フランスの軍楽隊でサクソフォンがつかわれるようになる。
1866年	特許期限が切れ、ほかの楽器製作者たちが新たなキーをつけくわえるなどの改良をする。
1920年代	アメリカに渡り、ジャズで盛んに演奏されるようになる。

サクソフォンのなかま

音域が異なるサクソフォンが7つありますが、現在おもにつかわれているのは、ソプラノ、アルト、テナー、バリトン、バスの5種類です。管が長くなるにつれて低い音が出るようになります。通常サクソフォンというときは、アルトサクソフォン（→p23）をさします。

ソプラノサクソフォン
クラリネットのようにベルが下を向いていて、高音域を担当し、美しく澄んだ音色を奏でる。ソプラノよりもさらに高音を出すソプラニーノサクソフォンも存在するが、あつかいが難しいため、あまり普及していない。

写真提供：ヤマハ株式会社

テナーサクソフォン
アルトサクソフォンの次によく演奏される。深みのある音色で、ジャズではソロ楽器としても活躍する。

写真提供：ヤマハ株式会社

バリトンサクソフォン
吹奏楽やビッグバンドで、チューバやコントラバスとともに、低音域を担当する。

写真提供：ヤマハ株式会社

バスサクソフォン
テナーサクソフォンより1オクターブ低い音域を担当する。バスよりもさらに低音を出すコントラバスサクソフォンも存在するが、ソプラニーノ同様にあまり普及していない。

写真提供：野中貿易株式会社

Oboe (Ob.)

オーボエ

オーボエは、クラリネットと似ていますが、リードやベルの形が異なります。管にさしこまれた2枚合わせたリード（ダブルリード）を振動させて音を出します。

ダブルリード
イネ科の植物の茎（ケーン）を削って形成した2枚の板を合わせたもの。

上管
左手の指で操作するキーがついている。上部にダブルリードを取りつける。

■ オーケストラのチューニングの基準となる

オーケストラが演奏前におこなう音合わせ（チューニング）で、最初に基準の音を出す楽器です。オーボエの音の高さに合わせて、ほかの楽器が調節します。

吹奏楽やオーケストラでは、ソロ（独奏）楽器としてつかわれることも多く、大活躍します。

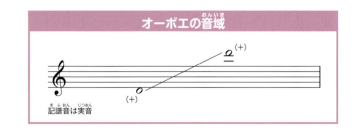

オーボエの音域

記譜音は実音

クローズアップ　オーボエのひみつ

オーボエは上管、下管、ベルの3つのパーツからできています。オーボエの管の中はとても細く、上管の上のほうは直径が約4mmしかありません。ベルに向かってだんだん太くなっています。管の中が細いため、息が少しずつしか入らず、肺から空気を出しきれません。息を吸ったりはいたりするタイミングのコントロールが難しい楽器です。

上管
下管
ベル
断面図
直径は約4mm。
（断面図は実寸）

下管
右手の指で操作するキーがついている。

ベル

写真提供：
ヤマハ株式会社

オーボエの演奏

音 の出るしくみ

オーボエやファゴットは、ケーンでつくった２枚のリード（ダブルリード）を振動させて音を出します。リードは乾燥したままではうまく振動せず、音が出ないので、吹く前に水にひたして湿らせることがあります。

フルートとちがって音の高さを調節するためにぬき差しできる部分が、オーボエの管にはありません。正確な音の高さを出すために重要なのがリードで、さらに音色にもリードが大きく影響します。そのため奏者は慎重にリードを選びますが、一般的には自分自身で材料のケーンをつかって手づくりします。完成品を買う場合も加工してつかうことがあります。どれだけつくりこんでも、いざ演奏する段階でつかえないこともあり、常に予備をいくつか準備しておかなければなりません。

●ダブルリードの振動のしくみ

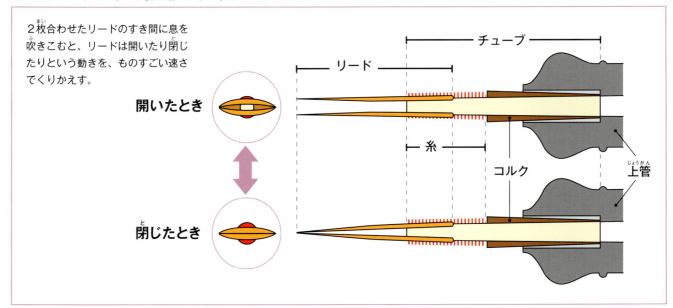

●ダブルリードのつくり方

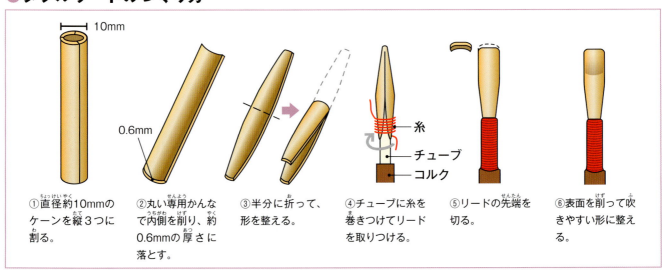

①直径約10mmのケーンを縦３つに割る。
②丸い専用かんなで内側を削り、約0.6mmの厚さに落とす。
③半分に折って、形を整える。
④チューブに糸を巻きつけてリードを取りつける。
⑤リードの先端を切る。
⑥表面を削って吹きやすい形に整える。

演奏方法

オーボエは、リコーダーと同じように、左手が上、右手が下になるように構えて、右手の親指で楽器をささえています。顔を常に正面に向けて、リードを吹きやすい角度に楽器を持ってきて演奏します。

〈オーボエの構え方〉

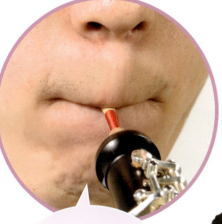

リードの先端を下くちびるの中央に軽く当て、そのまま下くちびるを巻きこむようにくわえる。上くちびるはリードの上に軽く当てる。

上管のキーを左手、下管のキーを右手であつかう。

右手の親指は楽器のうしろの指かけにかける。

演奏者に聞いてみよう！

●オーボエ奏者

吉山 健太郎 さん

国立音楽大学音楽学部演奏・創作学科弦管打楽器専修3年。
東京都生まれ。6歳よりピアノ、12歳よりオーボエをはじめる。これまでにオーボエを小林裕、廣木睦、室内楽を坪井隆明、井上昌彦の各氏に師事。

演奏者に聞きたい♪オーボエの魅力♪

Q オーボエを選んだきっかけを教えてください。

A 中学校のときに学校の吹奏楽部に入部し、オーボエの人数がたりないからとすすめられてはじめました。実際にはじめてみるとメロディーやソロ（独奏）がとても多く、やりがいのある楽器だったので、結局今に至るまでずっと続けています。

中学生のころ、学校だけでなく、家でもオーボエを練習していた。

Q 毎日どのような練習をしていますか？

A オーボエは音をならすためにリードをつけます。そのリードの状態が演奏の出来に大きな影響を与えます。リードはダブルリードの専門店などですでに完成しているものを買うこともできるのですが、オーボエを本格的に勉強しはじめると、次第にリードも自分でつくるようになります。そのため、我々オーボエ奏者は、練習時間の大半をリードの作成や調整などに費やすことが多くなります。

リードをつくる際に使用するナイフなどの工具とリード。

Q オーボエを演奏していて一番うれしかったことを教えてください。

A 最近、老人ホームなど、ご高齢の方の前で演奏する機会が多いのですが、いつも皆さんとてもよろこんで演奏をきいてくださいます。音楽は年代を問わず、時代の垣根を超えて心に伝わるものなのだと感じられ、音楽に携わる充実感を得ることができた瞬間が一番うれしかったです。

Q オーボエを演奏していて大変なことを教えてください。

A オーケストラなどをききに行くと、曲がはじまる前にみんなで音の高さを合わせるチューニングという作業をおこなっているのを見たことがあるでしょうか。チューニングのときに一番最初に音を出す、つまり基準になる音を出すのはオーボエです。その理由にはいろいろと説がありますが、一番大きな理由は、オーボエは音の高さを合わせるのが難しくまわりの人がオーボエの音に合わせるため、という理由です。このように音の高さが非常に不安定なことがオーボエを演奏する際に一番大変な点です。

Q オーボエに向いている人は？

A オーボエはオーケストラや吹奏楽などでメロディーを担当することが非常に多いので、表現力や想像力、感受性が豊かな人には向いている楽器だと思います。

Q オーボエの魅力を教えてください。

A オーボエの魅力はなんといってもその音色です。ソロの音色はもちろんですが、室内楽などでほかの楽器と混ざりあったときも大変美しい響きが生まれます。演奏難易度が非常に高い楽器ですが、その分うまくいったときの音色は格別です。

Q 今後の目標や夢を教えてください。

A 楽器の上達には、楽器に関するより深い知識が必要になるだろうと考えています。楽器の性質や構造などたくさんのことを学び、技術だけでなく知識面でもオーボエの専門家となれるよう勉強していきたいと思います。

Q 今までオーボエを演奏してきたなかで印象に残っている舞台を教えてください。

A ぼくが参加している大学のオーケストラでヨーロッパ公演をおこなったときに、バチカンのサン・ピエトロ大聖堂で演奏したことが、とても印象に残っています。日本では見ることのできないような大きな建物で、天井がとても高く、音を合わせることはとても難しかったのですが、教会ならではの荘厳な空気の中での演奏は独特な緊張感があり、とても有意義なものでした。

バチカンのサン・ピエトロ大聖堂。

● おすすめの曲とききどころ ●

①モーツァルト「オーボエ四重奏曲」

モーツァルトがオーボエのために書いた曲で最も有名なものは「オーボエ協奏曲」であるかと思いますが、ぼくはあえてこちらの「オーボエ四重奏曲」をおすすめしたいです。この曲はたった４人で演奏する曲ですが、非常に技巧的で、大きな編成の曲にも負けない華やかさを持ちあわせています。

②ベルリオーズ「幻想交響曲」

第３楽章「野の風景」ではオーボエだけでなく、オーボエのなかまであるイングリッシュホルンという楽器も活躍します。２人の羊飼いが笛を吹きかわすというシーンをあらわしているのですが、なんとこの曲ではオーボエは舞台上ではなく、舞台裏で演奏するのです。作曲家の創意工夫が感じられる曲となっています。

好きなオーボエ奏者

ハインツ・ホリガー

ホリガーは演奏家、作曲家、指揮者とさまざまな顔を持ちあわせています。とりわけオーボエ奏者としての音楽性、技術はまぎれもなく世界トップレベルです。ぼくが初めて買ったCDもホリガーのもので、その独特な音色とテクニックに衝撃を受けたことは今でもよく覚えています。

ローター・コッホ

1957年から1991年までベルリンフィルハーモニー管弦楽団の首席オーボエ奏者として楽団をささえたスタープレイヤーの１人です。安定感のある演奏と、ドイツ系の重厚な音色から、亡くなった今も20世紀を代表するオーボエ奏者の１人として語りつがれています。

オーボエのなかまと歴史

オーボエという名前は、「高い（音の）木」というフランス語に由来します。13世紀ごろに、中近東からヨーロッパに伝わった「ショーム」とよばれる楽器が、オーボエの祖先とされています。

オーボエの歴史

オーボエのように、2枚のリードを振動させて音を出すダブルリードの楽器は昔からありました。

ダブルリードの楽器は野外で演奏する楽器として世界中に広まり、発展していきます。オーボエが誕生した正確な時期はわかっていませんが、17世紀中ごろのフランスで、室内での演奏のために改良されたのがはじまりとされています。18世紀には、オーケストラで使用されるようになりました。

19世紀に入るとほかの木管楽器と同じようにキーの数が増えて、音域が広がりました。

ショーム
オーボエの祖先とされる楽器。「ショーム」は英語の名で、ドイツ語では「シャルマイ」とよばれている。野外で大きな音を出すため、現代の楽器より管が太く、ベルが大きい。

写真提供：
浜松市楽器博物館

バロックオーボエ
今から300年ほど前のバロック時代のオーボエ。キーはふたつしかついておらず、安定した音を出せる音域が限られていた。

写真提供：
浜松市楽器博物館

19世紀前半のオーボエ
19世紀になると、バロック時代よりもキーの数を増やしたオーボエが登場した。

写真提供：
浜松市楽器博物館

オーボエのなかま

　オーボエのなかまで、最もよく演奏されるのがイングリッシュホルンです。ここで紹介している楽器のほかにもオーボエミュゼットやバスオーボエなど音域が異なる楽器がいくつかありますが、めずらしい楽器が多く、オーケストラで演奏されることはまれです。

イングリッシュホルン

別名は「コールアングレ」。全長81cmで、約60cmのオーボエよりおよそ21cm長く、低音域を担当する楽器としてオーケストラでつかわれることが多い。ベルは丸くふくらんだ形をしている。もの悲しい響きや牧歌的な響きなど、表現力豊かにメロディーを演奏することがある。名前に「ホルン」がつけられているが、金管楽器のホルンとは関係ないといわれ、名前の由来は今でも謎となっている。

写真提供：
野中貿易株式会社

オーボエダモーレ

名前は直訳すると「愛のオーボエ」という意味で、イングリッシュホルンと同様に丸い卵形のベルが特徴。オーボエをソプラノとすると、オーボエダモーレはメゾソプラノの楽器で、イングリッシュホルンほど低い音は出せない。名前の由来はわからないが、その音は「ベールをかぶった」と表現され、明瞭ではないことが特徴といえる。18世紀前半にバッハやテレマンなどのバロック時代の作曲家が使用したが、その後姿を消し、19世紀にキーのついた楽器として復活した。

写真提供：
野中貿易株式会社

ヘッケルフォン

ドイツ人のヴィルヘルム・ヘッケル（1856～1909年）と2人の息子たちが、作曲家ワーグナーの要望に応えて開発したバス音域のオーボエで、オーボエより1オクターブ低い音が出る。しかし、完成を待たずにワーグナーは亡くなってしまい、リヒャルト・シュトラウスがオペラ「サロメ」で初めてヘッケルフォンを使用した。

写真提供：
国立音楽大学楽器学資料館

Fagotto (Fg.)

ファゴット

ファゴットはオーボエと同じダブルリードの木管楽器です。ファゴットという名前は「木の束」という意味のイタリア語に由来していて、管が折りまげられた構造になっています。英語読みの名前で「バスーン」（Bassoon〈Bsn.〉）とよばれることもあります。

■弦楽器とともに広い音域で活躍

ファゴットは最初は低音担当楽器で、弦楽器とともに、なくてはならない楽器としてつかわれていました。その後、中高音域をいかした作品も登場するようになり、広い音域で活躍しています。木管楽器の中で一番大きくて重く、オーボエより大きいリードをつかいます。内部で管が折りまげられているのでベルは楽器の一番上についています。

ダブル・ジョイント
内部で管が折りかえしている。

バス・ジョイント
ダブル・ジョイントとベル・ジョイントのあいだにあるパーツ。低音を出すためのキーがついている。

写真提供：ヤマハ株式会社

◆ファゴットの内部
管の内側は、ボーカルから下に向かい、一番下の金属のパーツの中でUターンして、一番上のベルまでだんだんと広がっていく。

クローズアップ　ファゴットのひみつ

ファゴットは、長い管をふたつ折りにした楽器で、管を伸ばすとおよそ260cmあります。ボーカルという細い金属の管の先端にリードをつけて息を吹きこみます。

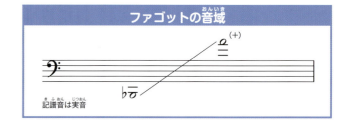

ファゴットの音域

記譜音は実音

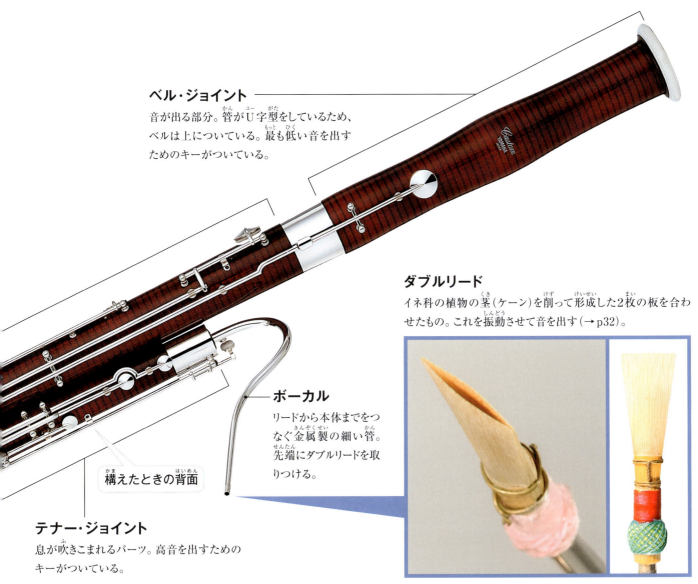

ベル・ジョイント
音が出る部分。管がU字型をしているため、ベルは上についている。最も低い音を出すためのキーがついている。

ダブルリード
イネ科の植物の茎（ケーン）を削って形成した2枚の板を合わせたもの。これを振動させて音を出す（→p32）。

ボーカル
リードから本体までをつなぐ金属製の細い管。先端にダブルリードを取りつける。

構えたときの背面

テナー・ジョイント
息が吹きこまれるパーツ。高音を出すためのキーがついている。

構えたときの正面

クローズアップ！

カバードキー
カップつきのキー。

音孔（指穴）
指で直接おさえて開閉する。

リングキー
音孔の上のリングの形をしたキー。

ファゴットの演奏

演奏方法

ファゴットは、大きくて重いので、サクソフォンと同じように、ストラップでつるして、ななめに構えます。管楽器は、親指で楽器をささえるものが多いですが、ファゴットは右手と左手の10本の指全部をつかってキーを操作します。

ほかの木管楽器は、それぞれの音に対応する決まった指づかいがありますが、ファゴットは、ひとつの音に複数の指づかいがあり、出したい音色に合わせて指づかいを変えて吹いています。

〈ファゴットの構え方〉

リードの先端を下くちびるの中央に軽く当て、そのまま下くちびるを巻きこむようにくわえる。上くちびるはリードの上に軽く当てる。

左手の親指で操作するキーは10個ある。

テナー・ジョイント（上）のキーを左手、ダブル・ジョイント（下）のキーを右手であつかう。

ファゴットのなかまと歴史

ファゴットは、はっきりとした起源はわかっていませんが、17世紀ごろには、現在のファゴットの原型があったとされています。19世紀にドイツとフランスでキーの数や配列などが改良されました。

ファゴットの歴史

現在主流となっているファゴットは、19世紀にドイツのカール・アルメンレーダーと楽器製作者のヨハン・アダム・ヘッケルが完成させたドイツ式（ヘッケル式）の楽器です。キーの配列や音孔が改良され、音程が安定するようになりました。

一方、同じころフランスでは、ドイツ式とは異なるフランス式の楽器が開発され、バソンとよばれています。音の安定感はドイツ式に及ばないものの、温かみのある音色が愛されています。フランスでは一部の奏者をのぞいて、フランス式がつかわれています。

ファゴットのなかま

コントラファゴットは、管の長さがファゴットの倍で、ファゴットよりもさらに低い音域を担当します。

コントラファゴット
長さは約140cmで、重さは約6kg。管が中で4回折り返しているので、伸ばすと6mにもなる。ファゴットよりも1オクターブ低い音が出る。

クラシカルファゴット
古典派時代のファゴット。キーの数は少ない。
写真提供：国立音楽大学楽器学資料館

19世紀後半のドイツ式のファゴット
19世紀になると、たくさんのキーがつき、今のファゴットに近い形になった。
写真提供：国立音楽大学楽器学資料館

19世紀後半のフランス式のバソン
写真提供：浜松市楽器博物館

写真提供：野中貿易株式会社

演奏者に聞いてみよう！

● ファゴット奏者

工藤 祐奈 さん

国立音楽大学音楽学部演奏・創作学科弦管打楽器専修4年。
東京都生まれ。4歳よりピアノ、6歳より12年間、船橋さざんか少年少女合唱団に所属し、千葉県の合唱祭、各種イベントへの参加や音楽教材用のCDのレコーディングに参加。13歳よりファゴットをはじめる。これまでにファゴットを馬込勇氏に師事。

演奏者に聞きたい♪ファゴットの魅力♪

Q ファゴットを選んだきっかけを教えてください。

 中学1年生のときに吹奏楽部の体験入部で、ファゴットを体験したことがきっかけではじめました。それまでは、ファゴットという楽器を見たことも音をきいたこともありませんでしたが、先輩の演奏をきいて、ファゴットの音が気に入りました。自分でも吹いてみたい、もっとファゴットについて学びたいと思い、ファゴット志望で入部しました。

Q 毎日どのような練習をしていますか？

 ファゴットの特徴である、温かみがあり繊細でやわらかい音色で、いつでも演奏ができるようになることを目指して練習しています。やわらかい音色が特徴の楽器ですが、発音が不明瞭になってしまってはいけないので、お腹のささえで息に圧力をかけ、しっかりとタンギング（→p19）をすることに気をつけています。

Q ファゴットを演奏していて一番うれしかったことを教えてください。

 わたしは、とくに音色に気をつけて演奏をするようにしているので、演奏をきいた多くの先生方や友人に「音がきれい」といってもらえたことがとてもうれしかったです。わたしは、「自分の演奏の一番のアピールポイントは音色です」と胸を張っていえるように今後も練習をしていきたいと思います。

Q ファゴットを演奏していて大変なことを教えてください。

 ファゴットはダブルリードとよばれる2枚のケーンを削ったものをつかって演奏をする楽器です。このリードは楽器店などで市販されている完成品もありますが、リード自体の特徴や質が音色を左右するので、わたしは自分で材料を購入して自分に合ったリードをつくっています。自分好みの音がなるリードの状態を保つことが大変なことです。また、ファゴットは木管楽器のなかで一番大きく重い楽器なので正しい姿勢を保って演奏をしなければ体に負担がかかってしまうことも大変なことのひとつです。

自分に合った形のリードをつくるときにつかう道具。左から、シェーパーハンドル、リーマー、マンドレル、ヤスリ、プラーク、ペンチ、ワイヤー3本、カッター、接着剤、左上のリボンはリードに巻く糸、右上は削る前のリード。

Q ファゴットに向いている人（逆に向いていない人）は？

A ファゴットは大きく重いため、手が大きく開き、筋力がある人は向いていると思います。演奏するときは、左右の親指から小指まですべてをつかって演奏をするので、ピアノやパソコンが得意な人も向いているかもしれません。演奏したい気持ちがあれば、向いていない人はいないと思います。

 Q ファゴットの魅力を教えてください。

A 一番の魅力は音だと思います。ファゴットの音域は非常に広く、室内楽やオーケストラでは低音部を担当することが多い楽器です。やわらかく、つややかで愉快な音色で、メロディーやソロ（独奏）でも活躍できる楽器です。

● おすすめの曲とききどころ ●

①ベルリオーズ「幻想交響曲」
「幻想交響曲」の木管楽器は基本的に2管編成ですが、ファゴットパートだけが4管で演奏されます。きさどころは、ファゴットがトリル＊を連続するメロディーです。ファゴット奏者の技の見せどころです。

②ビゼー「カルメン」より「アルカラの竜騎兵」
オペラの中で、ホセがカルメンに会いに行くときに口ずさむ歌で、ファゴットのソロからはじまります。この曲は力強く陽気な感じがしますが、どこか哀愁も感じられる曲です。

③モーツァルト「ファゴット協奏曲」
ファゴットの協奏曲の中で最も知られている曲です。レガート（音と音の切れ目を感じさせない演奏）とスタッカート（音と音を切りはなす）の対比などファゴットの特性を見事に織りこんだ曲です。

＊となりどうしの音をすばやく反復させること。

 Q 今後の目標や夢を教えてください。

A ファゴットはオーケストラではとても重要な役割を果たす楽器ですが、ほかの楽器とくらべると知名度が低い楽器だと思います。また、先輩や経験者が少ないため、どのように練習したらいいのかわからなかったりすることが多いと思います。わたしは、演奏活動を通じて、ファゴットのすばらしさをもっとたくさんの人に伝えていきたいと思っています。

 Q 今までファゴットを演奏してきたなかで印象に残っている舞台を教えてください。

A とくに印象に残っているのは、大学でファゴットとオーボエのメンバーでダブルリード演奏会を開催したことです。オーケストラの曲をファゴットとオーボエだけで伴奏からメロディーまですべて演奏してしまうダブルリードのための演奏会でした。オーケストラ版ではほかの楽器がソロを演奏している部分でも、この演奏会では代わりにファゴットが主役になれるとても楽しい演奏会でした。

ダブルリード演奏会のメンバーと工藤祐奈さん（後列左から2番目）。

好きなファゴット奏者

馬込勇
元リンツ・ブルックナー管弦楽団首席奏者で、ウィーン交響楽団ほか30を超える著名オーケストラとファゴット協奏曲で共演をされています。わたしの師匠です。

蛯澤亮
元ニューヨーク・シェンユン交響楽団首席奏者です。現在は日本各地にて演奏活動をされています。

さらにくわしく！
木管楽器のアンサンブル

アンサンブルとは、音楽用語で2人以上による演奏のことをさします。木管アンサンブルは、木管楽器の演奏編成で、同じ種類の楽器、異なる楽器の組みあわせなど、多様な編成があります。

木管アンサンブル

木管アンサンブルの魅力は、木管楽器の美しい音色が合わさることによって生まれるハーモニーにあります。木管楽器にはさまざまな種類があり、自由な編成でアンサンブルが楽しめます。

木管アンサンブルでは、ダブルリードの楽器（オーボエとファゴット）がメンバーの主体となります。

木管五重奏
フルート、オーボエ、クラリネット、ホルン、ファゴット

ホルン　オーボエ　フルート　ファゴット　クラリネット

写真提供：国立音楽大学

木管五重奏というと、この編成が標準となる。木管楽器のフルート、オーボエ、クラリネット、ファゴットに、金管楽器のホルンをくわえた編成（→右ページ「もっと知りたい」）。

写真提供：福島県立平商業高等学校

第40回全日本アンサンブルコンテストで、福島県立平商業高等学校（木管八重奏）は松下倫士作曲「巡礼歌」を演奏（2017年3月）。金賞を受賞した。

木管八重奏
フルート、
クラリネット×2、
バスクラリネット、
ソプラノサクソフォン、
アルトサクソフォン、
テナーサクソフォン、
バリトンサクソフォン

◆木管アンサンブルのおもな形態

三重奏	・フルート、クラリネット、ファゴット ・オーボエ、クラリネット、ファゴット
四重奏	・フルート、オーボエ、クラリネット、ファゴット ・フルート、クラリネット、アルトサクソフォン、バスクラリネット
五重奏	・フルート、オーボエ、クラリネット、ホルン、ファゴット ・フルート、クラリネット、アルトサクソフォン、テナーサクソフォン、バリトンサクソフォン
六重奏	・フルート、クラリネット×2、アルトサクソフォン、テナーサクソフォン、バリトンサクソフォン ・オーボエ×2、ホルン×2、ファゴット×2
七重奏	・フルート、クラリネット×2、バスクラリネット、アルトサクソフォン、テナーサクソフォン、バリトンサクソフォン ・フルート、オーボエ、クラリネット×2、アルトサクソフォン、テナーサクソフォン、バリトンサクソフォン
八重奏	・フルート×2、クラリネット×2、バスクラリネット、アルトサクソフォン、テナーサクソフォン、バリトンサクソフォン ・フルート、クラリネット×2、バスクラリネット、ソプラノサクソフォン、アルトサクソフォン、テナーサクソフォン、バリトンサクソフォン

・もっと知りたい・
木管五重奏のホルン

　木管五重奏に金管楽器のホルンが入っているのは、この編成が木管、金管という区別がほとんど意識されていない古典派音楽の時代にできあがったためである。この時代、ホルンは木管楽器の音色とよく調和するため、木管楽器と一緒に演奏されていた。それが、いつのまにか「木管五重奏」とよばれるようになったといわれる。

リコーダー

Recorder (Rec.)

リコーダーは、古くからヨーロッパ各地で盛んに演奏されていました。ソプラノリコーダーやアルトリコーダーは、音楽の授業で学習する楽器としても広く親しまれています。

- ウィンドウ（窓）
- エッジ
- 裏穴（親指孔／サムホール）
- 吹き口　口でくわえて息を吹きこむ部分。
- 頭部管　この部分をぬいたり、差しこんだりしてほかの楽器と音合わせ（チューニング）する。

■ ヨーロッパ各地で、古くから活躍

リコーダーは、フルートと同様にリードをつかわず、吹き口に息を吹きこんで音を出すため、エアリードの木管楽器に分類されます。ヨーロッパでは、16世紀ごろから、ソロ（独奏）や合奏、歌や踊りの伴奏などで盛んに用いられました。17～18世紀半ばのバロック時代（→p53）に現在の形になり、18世紀ごろには、バッハやビバルディなどの作曲家がリコーダーの活躍する曲を残しています（→p50）。ソプラノリコーダーだけでなく、音域の異なるさまざまなリコーダーが演奏されています。

◆音の出るしくみ

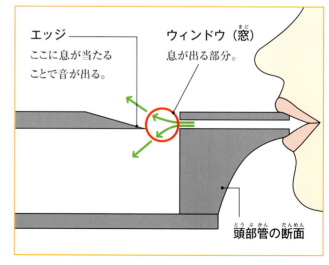

- エッジ　ここに息が当たることで音が出る。
- ウィンドウ（窓）　息が出る部分。
- 頭部管の断面

クローズアップ　リコーダーのひみつ

リコーダーは頭部管、中部管、足部管の3つのパーツからできています。ここでは、学校でもつかわれるソプラノリコーダーをクローズアップします。

クローズアップ！

下の2つの指穴は、ダブルホールといい、大きい穴と小さい穴がならんで開けられ、半音の演奏がしやすくなっている。

指穴（音孔）
表に7個、裏に1個開けられている。

中部管

足部管

リコーダーはもともと木製の楽器（写真）だが、学校でつかわれているリコーダーは合成樹脂製が多い。

写真提供：ヤマハ株式会社

ソプラノリコーダーの音域

記譜音　　実音

演奏者に聞いてみよう！

● リコーダー奏者

向江 昭雅 さん

東京都生まれ。国立音楽大学楽理学科卒業後、イタリアのミラノ市立音楽院古楽器科に留学。現在、リコーダーオーケストラ「デル・ソーレ東京」及び「デル・ソーレ大阪」指揮者。国立音楽大学非常勤講師・東京藝術大学非常勤講師。CDに『マンチーニ/リコーダー協奏曲集』、『アレッサンドロ・スカルラッティ/リコーダー協奏曲集』など多数ある。

演奏者に聞きたい♪リコーダーの魅力♪

Q リコーダーを選んだきっかけを教えてください。

A 高校時代に、名演奏家フランス・ブリュッヘンの演奏をきいたのがきっかけで、音楽の道に進もうと決めました。進学した国立音楽大学にリコーダーの授業があり、そこでリコーダー演奏の魅力に惹きつけられました。

Q 一日にどれくらい、どのような練習をしていますか？

A リコーダーをはじめたころは、毎日時間があれば練習していました。リコーダーは、だれでもすぐに音が出せる楽器なので、常にいい音や美しい音を出すように気をつけています。

Q リコーダーを演奏していて大変なことを教えてください。

A わたしたちプロの演奏家がつかう楽器は木製なので、温度や湿度の管理、楽器のメンテナンスなどをおこなって、楽器が常にいい状態であるように気をつかわなければならないことです。

Q リコーダーを演奏していてうれしかったことを教えてください。

A リコーダーは1人でも演奏できますが、2人、3人と複数での合奏を楽しむことができます。ほかの楽器とのアンサンブル、オーケストラとの共演などを通して、多くの人と音楽を共有できるのはうれしいことです。

アルトリコーダー（左）と、ビオラ・ダ・ガンバという弦楽器で、ベネデット・マルチェッロ作曲「リコーダー・ソナタ」を演奏した舞台。

アルトリコーダーで、テレマン作曲「トリオ・ソナタ」を演奏した舞台。

Q リコーダーに向いている人（逆に向いていない人）は？

A どの楽器でもそうですが、音楽を愛する気持ち、音楽が好きだという気持ちが強い人は、リコーダーに向いていると思います。

Q 今後の目標や夢を教えてください。

A リコーダーのための多くのレパートリーは、ルネサンスやバロック時代の音楽なのですが、世間一般には、リコーダーは教育楽器でプロの楽器ではないと思われているようです。たくさんのいい演奏会やCD、学生たちへの教育、リコーダーオーケストラ（→p52）の活動などを通して、リコーダーの魅力をもっともっと広められたらいいと思っています。

Q リコーダーの魅力を教えてください。

A 1人で自分の好きなメロディーを演奏することも楽しいですが、何人かでアンサンブルをすぐに楽しめることが魅力です。気持ちをみんなで合わせて、美しい合奏ができたときは、本当に楽しいです。

Q 今までリコーダーを演奏してきたなかで印象に残っている舞台を教えてください。

A 今まで、日本やヨーロッパでたくさん演奏してきましたが、ヨーロッパの教会や宮殿での演奏会は、とくに印象に残っています。その曲が生まれたまさにその場所で演奏しているというすばらしい体験でした。

● おすすめの曲とききどころ ●

①ヘンデル「リコーダー・ソナタ」
ヘンデルならではの心に響く大変美しいメロディーを、リコーダーの美しい音でたっぷりきくことができます。リコーダーの持つ音色や特徴を最大限に引きだし、いろいろな性格を持つ楽章構成で、リコーダー・ソナタを代表する、とても魅力的なソナタです。

②ビバルディ「リコーダー協奏曲」
速い楽章は、まるでバイオリン協奏曲のような技巧的なメロディーの連続で、リコーダー奏者の超名人芸を堪能できる作品です。ゆっくりとした楽章は、物悲しさも感じられる大変美しいメロディーで、きく人を魅了します。

③バッハ「ブランデンブルク協奏曲第4番」
バイオリンと2本のリコーダーが独奏楽器として登場する協奏曲です。躍動的な部分や美しいメロディー、わくわくさせる曲想、複雑に絡みあうフーガの部分など、バッハならではの高い精神性も盛りこまれた大変魅力的な曲です。

バッハ・コレギウム・ジャパンのリコーダー奏者としてヨーロッパ・ツアーに参加したときに公演した、リューベック（ドイツ）の聖マリア教会。かつて、バッハやヘンデルも訪れた教会。

好きなリコーダー奏者

フランス・ブリュッヘン
リコーダーが芸術作品を演奏できる魅力ある楽器であることを世の中に知らしめた名演奏家です。現在活躍しているリコーダー奏者のほとんどが、彼から影響を受けたといっても過言ではありません。

リコーダーのなかまと歴史

リコーダーの歴史は古く、絵画に描かれていたり、
レリーフの中に彫られていたりすることから、
ヨーロッパでは中世のころより演奏されていたことがわかります。

リコーダーの歴史

リコーダーは18世紀の中ごろまでは「フルート」とよばれており、ヨーロッパではかなりポピュラーな楽器でした。ルネサンス時代になると、さまざまな種類のリコーダーが盛んに舞曲などの演奏につかわれ、大きなものでは2mもの長さのリコーダーもありました。

17世紀の終わりごろからの後期バロック時代には、アルトリコーダーが好まれるようになり、アルトリコーダーのためのソロ・ソナタやトリオ・ソナタ、リコーダー協奏曲などの数多くの作品が作曲され、まさにリコーダーの全盛期となります。バロック時代を代表するバッハやヘンデル、テレマン、ビバルディなどの作曲家も、リコーダーのための作品を多く残しています。

その後、18世紀後半になると、大きな音の出ないリコーダーは次第に音楽史から姿を消していき、古典派の時代にはほとんどつかわれることはありませんでした。20世紀に入り、イギリスでバロック時代の作品を当時の楽器で演奏することが流行し、リコーダーは再び復活します。その後、教育につかわれたり、フランス・ブリュッヘン（→p49）をはじめとする名演奏家が登場して、リコーダーは現在のように普及しました。

オランダの画家ジェラルド・フート（1648～1733年）が描いた『フルートを演奏する若者』。

写真提供：ユニフォトプレス

もっと知りたい

ルネサンスリコーダー

ルネサンスリコーダーとは15～17世紀につかわれていたリコーダーで、左の絵画に描かれている「フルート」もこのタイプのものである。

ルネサンスリコーダーの一種に、「ガナッシタイプ」がある。これは、通常のルネサンスリコーダーよりも広い音域の演奏が可能で、現在でも演奏会などでつかわれている。

リコーダー

リコーダーのなかま

リコーダーには、さまざまな種類があり、このほかにも最も小さいクライネソプラニーノリコーダー、最も大きいコントラバスリコーダーがあります。

ソプラニーノリコーダー

ソプラノリコーダーより小さく、アルトリコーダーより1オクターブ高い音が出る。

写真提供：
ヤマハ株式会社

アルトリコーダー

ソプラノリコーダーより少し大きく、低い音が出る。

写真提供：
ヤマハ株式会社

テナーリコーダー

ソプラノリコーダーより、1オクターブ低い音が出る。楽器が大きくて指がとどかないため、下の音孔はキーで開閉する。

写真提供：
ヤマハ株式会社

グレートバスリコーダー

テナーリコーダーよりも1オクターブ低い音が出る。吹き口に金属製のまがった吹きこみ管がついている。

バスリコーダー

アルトリコーダーより、1オクターブ低い音が出る。吹き口の形は楽器によってさまざまなタイプがある。

写真提供：
ヤマハ株式会社

写真提供：
ヤマハ株式会社

51

さらにくわしく！
リコーダーオーケストラ

リコーダーは、ほかの木管楽器のように、オーケストラ*や吹奏楽ではほとんど演奏されませんが、リコーダーアンサンブルやリコーダーオーケストラという編成の演奏を楽しむことができます。

*バロックオーケストラ（→右ページ「もっと知りたい」）をのぞく。

リコーダーオーケストラの編成

リコーダーオーケストラは、基本的にリコーダーのみで、ソプラニーノリコーダーからコントラバスリコーダーまでの7種類のリコーダー（→p51）の編成になります。打楽器が入ることはありますが、ほかの楽器が入ることはほとんどありません。

リコーダーアンサンブルは基本的に各パートが1名ずつで、指揮者はいませんが、リコーダーオーケストラになると各パートを複数の奏者で演奏し、指揮者が必要になります。

近年では、管楽器・弦楽器・打楽器のオーケストラの曲などを編曲して、リコーダーオーケストラで演奏しています。

リコーダーオーケストラ
ソプラノ×4、
アルト×10、
テナー×6、
バス×6、
グレートバス×2、
コントラバス×3

アルト

ソプラノ

・もっと知りたい・
バロック音楽とバロックオーケストラ

　ルネサンス時代が終わる1600年ごろから、バッハが亡くなる1750年ごろまでの時代をバロック時代とよび、この時代に活躍したヘンデルやバッハ、テレマン、ビバルディなどの作曲家に代表される曲をバロック音楽という。

　バロックオーケストラは、バロック音楽を当時の楽器をつかって演奏するオーケストラのこと。バロックバイオリン、バロックビオラ、バロックチェロ、チェンバロが基本編成で、曲によって、リコーダー、バロックオーボエ、バロックフルートなどの木管楽器や、ナチュラルトランペット、ナチュラルホルン、サックバットなどの金管楽器（→3巻）、コントラバス、ビオラ・ダ・ガンバ、リュートなどの弦楽器（→1巻）などが加わる。

◆リコーダーの音域くらべ

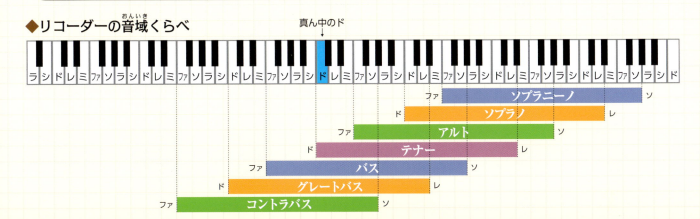

リコーダー奏者の向江昭雅さんが指導するリコーダーオーケストラでは、向江さんが編曲したバロック時代の協奏曲などを演奏している。

さくいん

あ行

アルトクラリネット……………21
アルトフルート………………13
アルトリコーダー…46、48、50、51
アルメンレーダー，カール……41
アンサンブル……… 13、19、21、26、44、45、48、49
E♭クラリネット………… 19、21
井上昌彦………………………34
イングリッシュホルン（コールアングレ）………………35、37
ウェーバー……………………19
エアリード………4、6、8、46
蛯澤亮…………………………43
オーケストラ……… 6、13、15、19、20、21、22、26、30、34、35、36、37、43、48、52、53
大友太郎………………………10
オーボエ…4、5、30、31、32、33、34、35、36、37、38、43、44、45
オーボエダモーレ……………37
音域……4、6、7、13、14、15、20、21、23、28、29、30、36、37、38、41、43、47、50、53
音孔…4、7、8、12、14、15、16、23、24、39、41、47、51

か行

ガーシュウィン，ジョージ…19、22
神田寛明……………………10
キー……7、8、9、12、14、15、16、17、20、23、24、25、28、30、31、33、36、37、38、39、40、41、51
金管楽器………4、27、28、37、44、45、53
工藤祐奈………………… 42、43
国立音楽大学……10、18、19、26、34、42、48
雲井雅人……………………26
クラシカルクラリネット ……20
クラシカルファゴット………41
グラズノフ……………………27
クラリネット…4、10、14、15、16、17、18、19、20、21、22、24、25、27、29、30、44、45
グレートバスリコーダー……51
弦楽器……10、38、48、52、53
コッホ，ローター……………35
小林裕………………………34
コントラアルトクラリネット…19、21
コントラバス ………… 29、53
コントラバスクラリネット…19、21
コントラバスフルート………13
コントラバスリコーダー…51、52
コントラファゴット…………41

さ行

サクソフォン（アルトサクソフォン）………4、5、16、21、22、23、24、25、26、27、28、29、40、45
サックス，アドルフ……21、28
佐藤崇史……………………18
ジャズ…19、22、27、28、29
シュトラウス，リヒャルト…37
ショーム……………………36
シングルリード……4、5、14、16、22、24
吹奏楽（部）…6、10、13、15、18、19、21、22、26、29、30、34、35、42、52
全日本アンサンブルコンテスト………………………45
ソプラニーノリコーダー…51、52
ソプラノサクソフォン…29、45

た行

打楽器………………………52
武田忠善……………………18、19
ダブルリード…4、5、30、32、34、36、38、39、42、43、44
チューバ……………………29
坪井隆明……………………34
テナーサクソフォン……29、45
テナーリコーダー…………51
テレマン………37、48、50、53
デンナー，ヨハン・クリストフ…20
ドイツ式のファゴット………41
トーンホール…4、7、12、23、24

トランペット ………… 22、27

な行

ヌヴー, エマニュエル ………… 18

は行

バイオリン ………………… 11、49
バスクラリネット … 19、21、45
バスサクソフォン ………………… 29
バスフルート ………………… 13
バスリコーダー ………………… 51
バセットホルン ………………… 19
バッハ … 37、46、49、50、53
パユ, エマニュエル ………… 11
バリトンサクソフォン … 27、29、45
バロックオーケストラ … 52、53
バロックオーボエ ……… 36、53
バロッククラリネット ………… 20
バロックフルート（フラウト・トラベルソ）
　………………… 12、53
坂東邦宣（ばんどうくにのぶ）………………… 26
ピアノ ……… 10、26、27、34、
　42、43
ビオラ・ダ・ガンバ …… 48、53
ビゼー ……………… 22、43
ピッコロ ………………… 13
ビバルディ … 46、49、50、53
廣木睡（ひろきねむ）………………… 34
ファゴット（バスーン）… 4、5、
　32、38、40、41、42、43、
　44、45
ブラームス ………………… 19

フランス式のバソン ………… 41
ブリュッヘン, フランス
　………………… 48、49、50
フルート … 4、6、7、8、9、10、
　11、12、13、14、20、24、
　27、32、44、45、46、50
ベーム, テオバルト …… 12、20
ヘッケル, ヴィルヘルム ……… 37
ヘッケル, ヨハン・アダム … 41
ヘッケルフォン ………………… 37
ベル … 15、16、23、24、30、
　31、36、37、38、39
ベルリオーズ ……………… 35、43
ヘンデル ……… 49、50、53
ホリガー, ハインツ ………… 35
ホルン ………………… 37、44、45

ま行

マイヤー, ザビーネ ………… 19
マウスピース ……… 14、15、16、
　17、19、20、22、23、24
馬込勇（まごめいさむ）……… 42、43
松下倫士（まつしたともひと）……… 45
松本玲香（まつもとれいか）……… 18、19
ミュール, マルセル ………… 27
ミュラー ………………… 20
向江昭雅（むかえあきまさ）……… 48、53
モーツァルト … 11、19、35、43
木管楽器 … 4、6、7、8、12、
　14、18、19、22、26、27、
　28、36、38、40、42、43、
　44、45、46、52、53

木管五重奏（もっかんごじゅうそう）……… 44、45
木管八重奏（もっかんはちじゅうそう）……… 45
森岡有裕子（もりおかあゆこ）……… 10
森澤祥子（もりさわさちこ）……… 10

や行

指穴（ゆびあな）… 12、14、16、17、20、
　47
横内絢（よこうちあや）………………… 10
吉田祐介（よしだゆうすけ）……… 26
吉山健太郎（よしやまけんたろう）……… 34

ら行

ラヴェル ………………… 22
ランパル, ジャン＝ピエール … 11
リード … 4、6、14、16、17、
　20、22、24、26、30、32、
　33、34、36、38、39、40、
　42、46
リコーダー（ソプラノリコーダー）
　……… 4、12、16、17、20、
　33、46、47、48、49、50、
　51、52、53
リコーダーオーケストラ
　………………… 49、52、53
リュエフ, ジャニーヌ ………… 27
ルネサンスフルート ………… 12
ルネサンスリコーダー ………… 50

わ行

ワーグナー ………………… 37
渡辺玲子（わたなべれいこ）……… 10

■監修
国立音楽大学／国立音楽大学楽器学資料館

■監修主幹
中溝一恵（なかみぞかずえ）（第1巻～第3巻担当）
国立音楽大学楽理学科卒業。同大学楽器学資料館学芸員を経て現在、国立音楽大学教授・楽器学資料館副館長。

横井雅子（よこいまさこ）（第4巻・第5巻担当）
桐朋学園大学音楽学部作曲理論学科卒業。東京藝術大学大学院音楽研究科音楽学専攻修了。現在、国立音楽大学教授・楽器学資料館館長。

神原雅之（かんばらまさゆき）（第6巻担当）
国立音楽大学教育音楽学科卒業。広島大学大学院学校教育研究科音楽教育専攻修了。2004年から国立音楽大学教授（2018年3月退任）。

■協力
国立音楽大学

■執筆協力
向江昭雅（リコーダー奏者／国立音楽大学非常勤講師）

■取材協力
渡辺玲子（フルート）、松本玲香（クラリネット）、吉田祐介（サクソフォン）、吉山健太郎（オーボエ）、工藤祐奈（ファゴット）

この本の情報や演奏者の所属は、2017年12月時点のものです。今後変更になる可能性がございますので、ご了承ください。

■編集・デザイン
こどもくらぶ
（長野絵莉・矢野瑛子・長江知子）

■制作
（株）エヌ・アンド・エス企画

■演奏者撮影
小島真也

■写真協力（敬称略）
国立音楽大学、国立音楽大学楽器学資料館、浜松市楽器博物館、ヤマハ株式会社、野中貿易株式会社、古田土フルート工房、音楽社
p5・p30：オーボエリード／© Alenavlad - Fotolia
p5・p39：ファゴットリード／© Pbaishev - Fotolia
p49：聖マリア教会／© Claudiodivizia ¦ Dreamstime
表紙：フルート、サクソフォン／ヤマハ株式会社
大扉：クラリネット／ヤマハ株式会社
裏表紙：バロッククラリネット／浜松市楽器博物館
　　　　ドイツ式のファゴット／国立音楽大学楽器学資料館

■おもな参考文献
新井喜美雄・村上和男著『楽器の構造原理 改訂版』ITSC静岡学術出版事業部、2014年
佐伯茂樹著『カラー図解楽器の歴史』河出書房新社、2008年
戸口幸策監修『クラシック音楽事典』平凡社、2001年
トム・ゲルー／デイヴ・ブラック著、元井夏彦訳、八木澤教司監修『エッセンシャル・ディクショナリー 楽器の音域・音質・奏法』ヤマハミュージックメディア、2016年
『ケータイに便利な世界の楽器詳解図鑑』シンコーミュージック・エンタテイメント、2015年
Baines, Anthony. *Brass Instruments: Their History and Development.* Dover Publications, 2012.
The Grove Dictionary of Musical Instruments. 2nd ed. Oxford University Press, 2014.

演奏者が魅力を紹介！ 楽器ビジュアル図鑑 **2 木管楽器 フルート サクソフォン ほか**　　N.D.C.763

2018年4月　　第1刷発行
2025年2月　　第3刷

監修　　　国立音楽大学／国立音楽大学楽器学資料館
編　　　　こどもくらぶ
発行者　　加藤裕樹　　編集　浦野由美子
発行所　　株式会社ポプラ社
　　　　　〒141-8210　東京都品川区西五反田3-5-8　JR目黒MARCビル12階
　　　　　ホームページ www.poplar.co.jp
印刷　　　株式会社瞬報社
製本　　　株式会社難波製本

Printed in Japan

55p 29cm
ISBN978-4-591-15742-8

●落丁・乱丁本はお取り替えいたします。
　ホームページ（www.poplar.co.jp）のお問い合わせ一覧よりご連絡ください。
●本書のコピー、スキャン、デジタル化等の無断複製は著作権法上での例外を除き禁じられています。
　本書を代行業者等の第三者に依頼してスキャンやデジタル化することは、たとえ個人や家庭内での利用であっても著作権法上認められておりません。

P7195002

演奏者が魅力を紹介！
楽器ビジュアル図鑑
全6巻

1 弦楽器・鍵盤楽器
バイオリン　ピアノ　ほか
55ページ　N.D.C.763

2 木管楽器
フルート　サクソフォン　ほか
55ページ　N.D.C.763

3 金管楽器
トランペット　ホルン　ほか
47ページ　N.D.C.763

4 打楽器・世界の楽器
ティンパニ　馬頭琴　ほか
55ページ　N.D.C.763

5 日本の楽器
箏　尺八　三味線　ほか
47ページ　N.D.C.768

6 いろいろな合奏
オーケストラ　吹奏楽　ほか
47ページ　N.D.C.764

監修　国立音楽大学／国立音楽大学楽器学資料館
編　こどもくらぶ

小学校中学年〜中学生向き
A4変型判
図書館用特別堅牢製本図書

ポプラ社はチャイルドラインを応援しています

18さいまでの子どもがかけるでんわ
チャイルドライン®
0120-99-7777
毎日午後4時〜午後9時　※12/29〜1/3はお休み
電話代はかかりません　携帯（スマホ）OK

18さいまでの子どもがかける子ども専用電話です。
困っているとき、悩んでいるとき、うれしいとき、
なんとなく誰かと話したいとき、かけてみてください。
お説教はしません。ちょっと言いにくいことでも
名前は言わなくてもいいので、安心して話してください。
あなたの気持ちを大切に、どんなこともいっしょに考えます。

チャット相談はこちらから

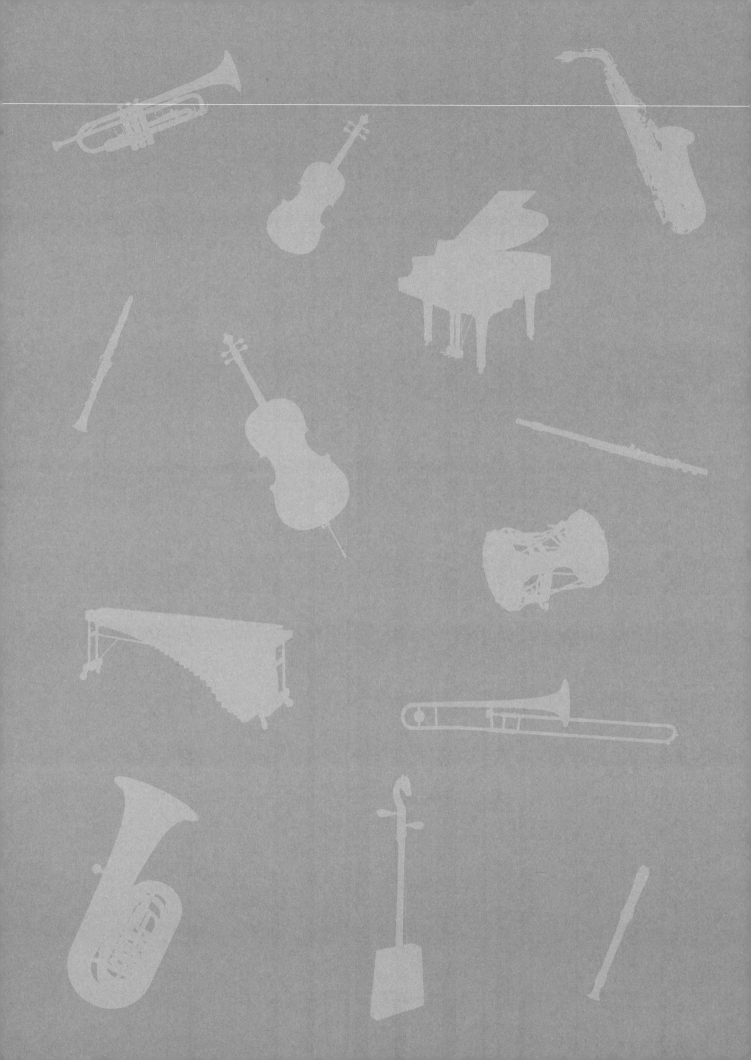